RÉPUBLIQUE FRANÇAISE

MINISTÈRE DE LA GUERRE.

INSTRUCTION DU 31 MAI 1891

SUR LES ÉCRITURES CONCERNANT LES

MOUVEMENTS INTÉRIEURS

DANS LES PLACES COMPTABLES

ET LA TENUE DES MAGASINS

(Edition approuvée le 17 mars 1896)

(Extrait du *Bulletin officiel*, partie réglementaire. année 1896.)

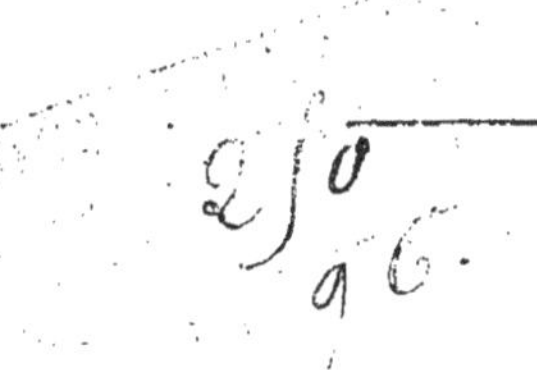

PARIS

Henri CHARLES-LAVAUZELLE

Éditeur militaire

11. Place Saint-André-des-Arts, 11

(Même maison à Limoges.)

BULLETIN OFFICIEL

DU

MINISTÈRE DE LA GUERRE.

1896. | **PARTIE RÉGLEMENTAIRE.** | **N° 22.**

(Ce numéro a une pagination spéciale.)

SOMMAIRE.

N° 166. *Instruction du 31 mai 1891 sur les écritures concernant les mouvements intérieurs dans les places comptables et la tenue des magasins* (Edition approuvée le 17 mars 1896). (3ᵉ Direction ; Bureau du Matériel de l'Artillerie.)

La présente instruction a pour but de généraliser dans les établissements de l'artillerie, au point de vue du commandement, une discipline uniforme pour la bonne tenue des magasins, et l'exécution des ordres de mouvements intérieurs d'une place comptable.

Elle complète des règles insuffisamment tracées, et ne modifie en rien celles qui résultent des instructions du 23 décembre 1888 et du 24 octobre 1890. Les écritures qu'elle prescrit ne s'appliquent pas aux matières ou objets délivrés pour l'exécution d'une commande (frais généraux ; — entretien et manutention du matériel ; — commande spéciale quelconque, etc.), ni au matériel mis à la disposition des corps de troupe de l'artillerie et du train des équipages militaires.

Il appartient aux généraux commandant l'artillerie de s'assurer, au cours de leurs visites périodiques, que les prescriptions de la présente instruction sont rigoureusement observées ; leur attention devra se porter en particulier sur la situation et les écritures du magasin aux approvisionnements, ainsi que sur le dépouillement journalier des bons relatifs à l'exécution des commandes.

TITRE Iᵉʳ.

DISPOSITIONS GÉNÉRALES.

Emmagasinement des objets de matériel.

Art. 1ᵉʳ. Les objets de matériel sont conservés dans des locaux, dont l'ensemble constitue le magasin de la place.

Ces locaux sont en général groupés en plusieurs subdivisions, dont le nombre varie suivant les dispositions particulières à chaque place, et les ressources en personnel (locaux des forts ; — hangars ; — magasins des salles d'artifices....., etc.).

A chaque subdivision ainsi définie correspond un garde-magasin (garde d'artillerie ; — ouvrier d'état ; — gardien de batterie....., etc.).

Le matériel de la réserve de guerre est séparé de celui affecté au service courant.

Les locaux, hangars....., sont organisés dès le temps de paix, de telle sorte qu'au moment de la mobilisation ou de la mise en état de défense des places, ou fronts de mer, la délivrance des objets ou bien la formation des convois (s'il s'agit par exemple de l'embarquement en chemin de fer d'une fraction d'équipage de siège, ou de tout autre groupement) soit effectuée avec rapidité, suivant une méthode rigoureusement étudiée à l'avance, et faisant l'objet d'un mémoire particulier.

Attributions des garde-magasins.

Art. 2. Les garde-magasins (1) sont des agents techniques. Ils ne sont *en aucun cas* employés aux écritures de la place ; ils tiennent, pour les objets emmagasinés dans les locaux dont ils sont chargés, les écritures intérieures prescrites par les articles suivants.

But des écritures.

Art. 3. Les écritures prescrites par la présente instruction ont pour but :

1o De donner au commandement le moyen de connaître en tout temps la répartition exacte du matériel emmagasiné dans les locaux, ou réparti sur les remparts, et d'effectuer facilement les recensements ordonnés, ainsi que les remises de service ;

2o D'établir une corrélation entre la situation du matériel des divers garde-magasins et les comptes de la place.

3o De faciliter le service de guerre dans les ouvrages des places à forts détachés.

Des ordres de mouvements.

Art. 4. Aucun mouvement de matériel d'une subdivision du magasin à une autre subdivision du magasin, c'est-à-dire entre deux garde-magasins différents, n'a lieu sans un ordre du commandant de l'artillerie de la place.

Cet ordre est communiqué au garde-comptable qui le reproduit

---

(1) Dans certains cas particuliers, le garde-comptable de la place est en même temps garde-magasin ; cet employé est alors, en dehors de ses attributions spéciales, soumis aux obligations des autres garde-magasins.

sans délai sur la souche et le feuillet du registre modèle 5 (art. 8 ci-après), qu'il présente, après ces inscriptions, à la signature du commandant de l'artillerie de la place.

Tout officier adjoint a qualité, en cas d'urgence, pour ordonner ces mouvements intérieurs; il rend compte immédiatement au commandant de l'artillerie.

Caractère confidentiel des inventaires.

Art. 5. Les inventaires partiels des garde-magasins ainsi que le registre inventaire général tenu au chef-lieu de la place par le garde-comptable (art. 6 et 8 ci-après) ne sont communiqués qu'aux autorités qui ont qualité pour connaître les existants, ou pour opérer des recensements dans les magasins de l'artillerie de la place.

Il y a lieu de ne pas perdre de vue le caractère confidentiel des renseignements qui s'y trouvent.

TITRE II.
ÉCRITURES A TENIR (1).

CHAPITRE Ier.
DES GARDE-MAGASINS.

Mise à jour de la situation des subdivisions du magasin.

Art. 6. Chaque garde-magasin tient à jour, pour la subdivision du magasin à laquelle il est préposé :

1° Des étiquettes (2) (modèle n° 1) établies par numéro de la nomenclature et des listes récapitulatives (modèle n° 2) des lots d'objets existant dans un même local (ou dans certaines fractions d'un même local, s'il y a lieu);

2° Des bordereaux mensuels (modèle n° 3) d'enregistrement des mouvements *effectués*.

Ces bordereaux sont établis distinctement pour les entrées et pour les sorties.

Ils tiennent lieu, pour les garde-magasins, de registre-journal;

---

(1) Par tous les garde-magasins, sans exception, y compris le garde-comptable, dans les places où ce dernier est en même temps garde-magasin.

Si le garde-comptable est le seul garde-magasin de la place, les écritures à tenir se réduisent aux étiquettes, listes récapitulatives et à l'inventaire du magasin donnant la répartition par local ou par fraction de local, s'il y a lieu.

(2) Dans certains cas spéciaux le commandant de l'artillerie peut, par exception, remplacer les étiquettes individuelles par des listes récapitulatives; il rend compte au directeur.

N° 22.

3° Un registre inventaire (modèle n° 4) tenu constamment à jour, indiquant pour chaque subdivision du magasin (1).

a. La répartition du matériel entre les divers locaux, et sur les remparts, placés sous la surveillance du garde-magasin.

b. S'il y a lieu, les quantités nécessaires aux affectations de mobilisation.

c. Les certifications des existants à chaque mutation d'employé, ainsi que les attestations de concordance, le 30 juin et le 31 décembre de chaque année, avec les écritures connexes de la place, et à toute autre époque que le commandement jugera utile de désigner.

Surveillance du travail d'écritures.

Art. 7. En dehors des écritures qui, le cas échéant, peuvent incomber aux garde-magasins, en application des règles générales de la comptabilité, et qu'il appartient au commandement de réduire au strict minimum, ces employés ne doivent tenir que celles définies ci-dessus.

Les officiers adjoints, chargés de services, s'assurent fréquemment de la bonne tenue de ces dernières et de leur corrélation avec les écritures que le garde-comptable de la place doit tenir conformément aux prescriptions du chapitre II ci-après.

Le garde-comptable de la place doit être avisé de toute rectification à faire subir aux quantités existant dans les magasins, ou portées dans les écritures des garde-magasins.

CHAPITRE II.

DU GARDE-COMPTABLE DE LA PLACE.

Registres destinés à assurer la corrélation des écritures (2).

Art. 8. Le garde-comptable de la place tient :

---

(1) Lorsque le directeur le jugera utile, le registre inventaire (modèle n° 4) du magasin aux approvisionnements pourra n'être mis à jour qu'une fois par mois, en ce qui concerne les délivrances de matières ou les reversements en magasin effectués sur la production de bons modèle 31 ou de bulletins modèle 33 de l'instruction du 23 décembre 1888.

Dans ce cas, les étiquettes (modèle n° 1) reçoivent, au verso, sur une feuille blanche disposée à cet effet, l'inscription au crayon de tous les mouvements d'entrée et de sortie, au moment où ils se produisent, et avec leur date.

Les matières nécessaires pour l'entretien et la manutention du matériel sont délivrées aux garde-magasins une fois par mois sur la production de bons modèle 31 de l'instruction du 23 décembre 1888; elles ne sont pas inscrites sur les registres inventaires (modèle n° 4) de ces employés.

(2) A tenir seulement dans les places où il existe au moins deux subdivisions du magasin, c'est-à-dire deux garde-magasins différents, dont l'un peut être le garde-comptable de la place.

1º Un registre à souche (modèle n° 5) des ordres de mouvemen t du matériel (1);

2º Un registre inventaire général (modèle n° 6) établi en un ou plusieurs volumes, selon l'importance de la place (2).

Ce registre qui n'est autre, en ce qui concerne l'existant en matériel, que la réunion des duplicata des inventaires partiels des garde-magasins, présente suivant les cas une ou plusieurs colonnes par garde-magasin.

3º Des écritures auxiliaires destinées à assurer, comme il est prescrit au paragraphe VIII de l'article 76 de l'instruction du 23 décembre 1888, le dépouillement journalier des bons provisoires (modèle 31 de ladite instruction).

Ce dépouillement, qui est indispensable pour permettre d'établir à tout moment la situation réciproque des magasins et des ateliers, et de procéder dans les uns et dans les autres à des recensements inopinés, doit être effectué personnellement par le garde-comptable.

Sauf le cas prévu au paragraphe IX de l'article 76 de l'instruction du 23 décembre 1888, pour les inscriptions à faire sur le registre modèle 34 de cette instruction, le garde-comptable n'intervient pas dans les écritures auxiliaires des ateliers.

Formes à donner aux étiquettes et aux registres.

Art 9. Les formats et les dispositions des divers documents dont la tenue est prévue par les articles précédents sont déterminés dans chaque cas particulier par le commandant de l'artillerie, sous réserve de l'approbation du directeur, et sous la condition qu'ils contiennent toutes les indications des modèles réglementaires.

La durée des registres n'est pas limitée. Les séries des numéros de classement sont renouvelées au 1er janvier de chaque année.

Durée de conservation des écritures.

Art. 10. A l'exception des étiquettes et des listes récapitulatives, les écritures élémentaires prescrites ci-dessus sont conservées dans

---

(1) Il n'est pas fait usage du registre à souche (modèle n° 5) dans les cas suivants :

1º Mouvements entre les magasins et les ateliers ou autres services de la place comptable (délivrances de matières ou reversements en magasin effectués sur la production de bons modèle 31 ou de bulletins modèle 33 de l'instruction du 23 décembre 1888);

2º Mouvements entre les établissements de l'artillerie et les corps de troupe. (Instruction du 24 octobre 1890.)

(2) Dans le cas où il n'existe qu'un seul garde-magasin autre que le garde-comptable de la place, et que ce garde-magasin unique ne réside pas au chef-lieu même de la place, le registre inventaire général est remplacé par un duplicata du registre inventaire partiel tenu par le garde-magasin. Si ce garde-magasin unique réside au chef-lieu même de la place, ce duplicata devient inutile.

N° 22.

les archives, de manière que l'exécution d'un ordre puisse être contrôlée, soit sur place, soit s'il y a lieu au ministère, pendant les cinq années qui suivent la date d'émission de cet ordre.

Le garde-comptable de la place est chargé du classement de ces écritures dans les archives.

TITRE III.

DISPOSITIONS FINALES.

Art. 11. Les instructions et circulaires concernant les gardiens de batteries ou autres garde-magasins, antérieures à la présente instruction, continuent à être appliquées pour tout ce qui n'est pas contraire aux dispositions qui précèdent.

Ces dispositions ne modifient en rien les écritures prescrites pour les ateliers par l'instruction du 23 décembre 1888.

Les chefs d'atelier n'ont pas à s'y conformer pour les matières qui leur sont délivrées par le magasin; ils suivent pour les écritures intérieures les prescriptions du paragraphe XXIII de l'article 76 de l'instruction précitée du 23 décembre 1888.

Les dépenses d'achat résultant de la tenue des écritures détaillées au titre II ci-dessus sont supportées par la commande relative à la conservation et à la manutention des objets en magasin.

Des mesures seront prises immédiatement, de manière que la présente instruction soit mise en vigueur le 1er octobre 1891.

Paris, le 31 mai 1891.

Le Président du conseil, Ministre de la guerre,
C. DE FREYCINET.

MODÈLES ET INSTRUCTIONS PRATIQUES

POUR LA TENUE DES ÉCRITURES.

N° 22.

Modèle N. 1.

ÉTIQUETTES.

Lorsque, dans les locaux ou hangars....., les objets sont répartis en lots, chaque lot porte une étiquette modèle n° 1, indiquant à l'encre les quantités existantes.

Les quantités inscrites sont donc celles résultant du dernier mouvement ayant affecté l'existant.

Si un ordre de mouvement demande plusieurs jours pour son exécution complète, l'étiquette n'est modifiée que lorsque le mouvement est entièrement terminé.

La tenue des étiquettes est obligatoire pour tous les magasins de l'artillerie (*ateliers, salles d'armes, etc.*)

Elles sont établies sur papier vert pour le matériel affecté de la réserve de guerre ;

Sur papier bleu pour le disponible de cette réserve de guerre ;

Sur papier blanc pour le matériel non compris dans les fixations de la réserve de guerre (*service courant*).

Les étiquettes des ateliers sont toutes établies sur papier blanc.

Dans les magasins aux menus approvisionnements, une même étiquette peut servir à l'inscription de plusieurs objets similaires, pourvu que ces objets soient rangés dans un ordre permettant de les distinguer facilement les uns des autres.

Dans le cas prévu au renvoi 1 de l'article 6 (*page 4 ci-dessus*), les étiquettes modèle n° 1 du magasin aux approvisionnements ne sont mises à jour à l'encre qu'une fois par mois. Mais on doit alors disposer au verso une feuille blanche qui recevra l'inscription au crayon de tous les mouvements d'entrée et de sortie, au moment où ils se produisent, et avec leur date.

Lorsque des objets divers forment un groupement non prévu à la nomenclature (*par exemple un canon sur affût, une voiture chargée, etc.*), ou bien sont emmagasinés dans des locaux où ils ne subissent qu'exceptionnellement des mouvements (*matériel de la réserve de guerre*), les étiquettes modèle n° 1 peuvent être supprimées et remplacées par des listes récapitulatives modèle n° 2. Il est établi d'ailleurs alors autant de listes récapitulatives modèle n° 2 qu'il est nécessaire, par travée ou par fraction de magasin, ou par groupement d'objets, ou par unité constituée, afin de faciliter les recensements. (*Voir le renvoi 2 de l'article 6, page 3 ci-dessus.*)

Chaque recensement effectué est rappelé sur l'étiquette, comme l'indique le modèle ci-après.

Les étiquettes modèle n° 1, ainsi que les listes récapitulatives modèle n° 2, ne dispensent pas de tenir à jour les tableaux d'indication de toute nature qui peuvent être ordonnés par le commandement, pour le lotissement du matériel en vue de la mobilisation.

Le format et la disposition des étiquettes modèle n° 1 (*article 9 de l'instruction*) sont déterminés dans chaque cas particulier par le commandant de l'artillerie, sous réserve de l'approbation du directeur, et sous la condition qu'elles contiennent toutes les indications du modèle ci-après.

N° 22.

PLACE

d

—

SERVICE

d

MODÈLE N° 1.

MAGASIN N°

—

DE LA BATTERIE

d   (*ou du fort* d   )

NUMÉROS		DÉSIGNATION DE L'OBJET.
SOMMAIRES.	DÉTAILLÉS.	
70	44	OBUS OBLONGS DE RUPTURE EN ACIER POUR CANON DE 27 %.

DATES.	QUANTITÉS.	DATES.	QUANTITÉS.
1er janvier 189 .	2,400		
8 mars 189	2,000		
1er novemb. 189 .	2,100		
Recensé le 18 novembre 189 .			
18 novemb. 189 .	2,100		

*(Signature de l'officier qui a effec-
tué le recensement.)*

LISTE RÉCAPITULATIVE

des lots d'objets emmagasinés dans un même local (ou une même
fraction de local suivant le cas).

A l'entrée de chaque magasin, et autant que possible à l'inté-
rieur (*ou à un endroit bien en vue d'une fraction de magasin*), est
placée une liste récapitulative des lots d'objets existant dans le
magasin (ou fraction de magasin); les quantités y sont inscrites
au crayon et corrigées au fur et à mesure des mouvements.

La liste récapitulative est établie sur papier de même couleur
que les étiquettes modèle n° 1 correspondantes, selon l'affectation
du matériel.

Le format et la disposition des listes récapitulatives modèle
n° 2 (article 9 de l'instruction) sont déterminés dans chaque cas
particulier par le commandant de l'artillerie, sous réserve de
l'approbation du directeur, et sous la condition qu'elles contiennent toutes les indications du modèle ci-après.

Dans le magasin aux approvisionnements la liste récapitulative
n° 2 est subdivisée, s'il y a lieu, en autant de parties distinctes
qu'il est possible d'organiser dans le magasin de subdivisions bien
définies, résultant, soit de la nature des approvisionnements, soit
de la distribution particulière du local.

PLACE

d

SERVICE

d

MAGASIN N°

MODÈLE N° 2.

Les quantités sont ins-
crites au crayon.

LISTE RÉCAPITULATIVE des lots d'objets existant dans ledit
(magasin ou fraction de magasin).

NUMÉROS		LOTS EXISTANTS.	QUANTITÉS.	NUMÉROS		LOTS EXISTANTS.	QUANTITÉS.
sommaires.	détaillés.			sommaires.	détaillés.		
34	136	Freins hydrauliques pour affûts de siège de 155 long modèle 1877	3				
50	1	Barres à mine........	200				
50	130	Scies à couteau.....	50				
51	10	Plates-formes de siège de 155 à pivot démontable........	3				
175	124	Cisailles (grandes)...	12				

BORDEREAU

DES (ENTRÉES OU SORTIES)

EFFECTUÉES PENDANT LE MOIS D   189 .

Les bordereaux sont distincts pour les entrées et les sorties; ils sont établis dans le premier cas sur papier blanc, et sur papier bleu dans le second cas.

La série des numéros, recommencée au 1er janvier de chaque année, est distincte également pour les entrées et les sorties.

Dès qu'un mouvement est terminé, le garde-magasin l'inscrit sur le bordereau, en même temps qu'il effectue sur le feuillet détaché du registre modèle n° 5 les inscriptions nécessaires.

Les mouvements résultant d'un bon provisoire modèle n° 31 ou d'un bulletin de remise modèle n° 33 sont classés de la même manière sur les bordereaux.

Ces bordereaux sont arrêtés le dernier jour de chaque mois, et adressés à la place comptable pour être vérifiés et visés.

Aussitôt après le visa, les bordereaux sont renvoyés aux garde-magasins qui les conservent classés avec soin dans leurs archives, jusqu'au renouvellement de leur registre inventaire modèle n° 4.

Lorsque ce registre doit être remplacé par un nouveau, il est adressé au garde-comptable de la place, en même temps que les bordereaux modèle n° 3 qui s'y rapportent.

Cet employé se conforme à cet égard aux dispositions de l'article 10 de l'instruction.

En Algérie et en Tunisie, les garde-magasins des annexes éloignées peuvent être autorisés par le commandant de l'artillerie, sous réserve de l'approbation du directeur, à remplacer les bordereaux modèle n° 3 par des registres-journaux sur lesquels seront transcrits les ordres de mouvement donnés sur les feuillets détachés du registre à souche modèle n° 5. Ces registres-journaux seront communiqués périodiquement, aux époques fixées par le commandant de l'artillerie au garde-comptable de la place principale, qui certifiera leur concordance avec ses écritures de la même manière que sur les bordereaux modèle n° 3.

N° 22.

PLACE

d

—

SERVICE

d

M.

garde-magasin.

MODÈLE N° 3.

Sorties effectuées *pendant le mois de février* 189   .

NUMÉROS DE CLASSEMENT.	NUMÉRO ET DATE DE L'ORDRE du Commandant de l'artillerie de la place.	DATE D'EXÉCUTION et d'inscription sur le registre inventaire.	OBSERVATIONS.
10	N° 25, du 22 janvier....	2 février....	
11	N° 40, du 30 janvier....	10 février....	Sorti après recensement effectué le 28 janvier.
12	N° 47, du 15 février.....	17 février....	
13	Bon provisoire n° 17....	26 février....	Atelier de la salle d'artifice.
14	Bon provisoire n° 21....	27 février....	Frais généraux.
15	N° 57, du 27 février.....	28 février....	Atelier de Rennes.

Le Garde-Magasin,

Vérifié l'exécution des sorties *effectuées* pendant le courant du mois de février 189   .

A   , le   189   .

Vu :

Le Commandant de l'artillerie de la place,

Le Garde d'artillerie comptable,

REGISTRE INVENTAIRE

DU GARDE-MAGASIN.

DIRECTION D'ARTILLERIE D

ARRONDISSEMENT D

PLACE D

MAGASIN D

REGISTRE portant inventaire du matériel de l'artillerie et des équipages militaires existant dans

Le présent registre contenant   feuillets celui-ci compris a été coté et parafé par nous   commandant
de l'artillerie de la place d

A   , le   189   .

N° 22.

INSTRUCTION

POUR LA TENUE DU REGISTRE INVENTAIRE

DES GARDE-MAGASINS.

Le matériel est classé dans l'ordre de la Nomenclature N.

Les premières pages sont consacrées à la table alphabétique des objets figurant sur l'inventaire.

A la suite de cette table, une page est réservée à l'inscription des noms et des grades des garde-magasins successifs, avec l'indication des dates du commencement et de la cessation de leurs fonctions.

Une case contenant 8 à 10 lignes est réservée à chacune des unités détaillées de la nomenclature existant dans la subdivision du magasin, ou qu'on suppose devoir y être emmagasinées.

Plusieurs cases consécutives peuvent être réservées à la même unité, quand on prévoit pour cette unité des mouvements fréquents.

S'il est reçu dans la subdivision du magasin une nouvelle unité, pour laquelle il n'a pas été réservé de case au moment de l'établissement de l'inventaire, on l'inscrit à la suite des autres ; mais on porte dans la colonne d'observations, en regard de la place que cette unité aurait dû régulièrement occuper, l'indication de la page à laquelle un compte lui a été ouvert.

La page de gauche du présent registre est réservée aux colonnes relatives aux mouvements de matériel, la page de droite à la répartition des objets dans les divers locaux (*casemates, traverses, hangars, etc.*, de la subdivision du magasin, ou *sur les remparts*).

Lorsqu'un mouvement de matériel a affecté l'existant, le chiffre nouveau ainsi que la date correspondante sont inscrits à l'encre dans les colonnes à ce destinées.

Les inscriptions se font les unes au-dessous des autres.

Le chiffre du nécessaire, lorsque ce chiffre a été fixé, est inscrit une fois pour toutes à l'encre rouge dans la case correspondante à l'objet (*colonne n° 3*).

Les colonnes relatives à la répartition entre les divers locaux ou emplacements reçoivent les inscriptions au crayon.

Ces chiffres sont effacés à la gomme dès qu'un mouvement ou qu'une nouvelle répartition intérieure les a modifiés.

Dans le cas où un garde-magasin a sous sa surveillance, dans un petit nombre de hangars ou même dans un seul hangar, plusieurs formations importantes telles que : *Equipages de siége, armement d'une position, etc.*, la répartition des objets dans chacun de ces locaux ou dans ce local unique sera elle-même décomposée en autant de colonnes qu'il y a de groupements distincts d'objets de matériel.

Dans la colonne *Observations* on indique au crayon certains détails importants expliquant, par exemple, la raison pour laquelle un approvisionnement n'est pas momentanément au complet, etc.

La dernière page du registre est consacrée aux certifications de concordance, comme il est dit à l'article 4 de l'Instruction.

Les matières délivrées aux garde-magasins au moyen des bons modèle nº 31, pour l'entretien et la manutention du matériel, ne figurent pas sur le registre inventaire.

Dans ce cas il n'est pas également établi de souche ni de feuillet du registre modèle nº 5.

La durée du registre inventaire est indéterminée.

Les unités collectives sont inscrites à leur rang au chapitre 1er.

Les canons sont indiqués dans les colonnes destinées à faire connaitre leur répartition, par leur numéro matricule.

Les parties qui composent les unités collectives, quelles qu'elles soient, sont maintenues néanmoins à leurs numéros détaillés ; leur nombre est inscrit au crayon dans l'avant-dernière colonne ayant pour titre : *Pour mémoire : existant dans les unités collectives du chapitre 1er*.

La colonne d'observations indiquera dans ce cas (*au crayon*) les numéros des unités collectives entre lesquelles sont réparties ces unités simples.

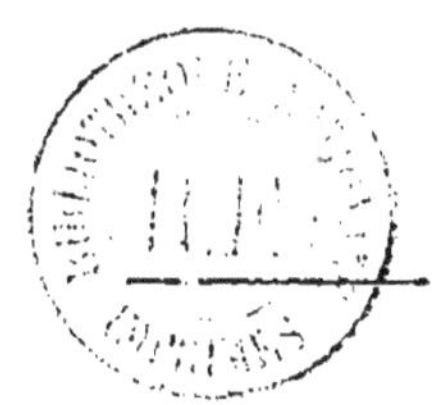

EXEMPLES :

PAGE DE GAUCHE.   PAGE DE DROITE. (Répartition.)

NUMÉROS					MAGASIN A. Local 30.	BATIMENT A. Local 19.	En BATTERIE.	TRAVERSE 55.	TRAVERSE 37.	OBSERVATIONS.
SOM-MAIRES.	DÉ-TAILLÉS.				N°s.	N°s.	N°s.	N°s.	N°s.	
XIV	9	Canons équipés de 120m/m montés sur affût de siège.	189 1er novembre.	16	228 192 156 205	227 155 169 255	131 203 208 187	172 202	194 196	

NUMÉROS					BATIMENT D. Local 15.	BATIMENT D. Local 37.			TOTAL.	EXISTANT dans les unités collectives	OBSERVA-TIONS.
33	32	Couvre-bouche en toile pour canon de 120.	189 1er août.	10	5	5			10	16	Voir n° XXXV-6
50	139	Tournevis emmanchés..	189 1er août.	0					0	64	Voir n°s XXXV-3 XXXV-6 XXXV-9 XXXV-19

TABLE ALPHABÉTIQUE.

A

NUMÉROS sommaires.	détaillés.	DÉSIGNATION DES OBJETS.	N° DE LA PAGE.
7	12	*Affûts* de campagne en fer de 7, m^le 1874	
8	10	à soulèvement de 138	3
8	47	de casemate pour obusiers de 16	
8	46	de 7 modifiés pour 12 culasse	4
8	4	pour canon de 155	3
8	19	pour canon de 120	3
8	5	de 155 de tourelle	3
8	52	pour bouches à feu de petits calibres	4
8	53	pour bouches à feu, avec roues, en fer	4
8	73	pour mortiers de 15	5
8	65	— de 32	4
8	71	— de 22	5
8	70	— de 220	5
8	56	de canon-revolver	4
178	5	Aide-mémoire. (Collection d')	141
175	12	Alésoirs	
183	023	Alidades diverses	144
75	3	*Amorces* pour canon-revolver	108
75	017	chargées à dynamite	
75	16	chargées pour détonateur	
75	020	électriques	
175	14	Amorçoirs tige en fer	125
61	1	Anneaux brisés pour canon de 155	86
61	1	brisés pour canon de 120	86
53	1	Anneaux-élingues	70
161	1	*Appareils* Morse	100
173	0	de sondage	81
34	3	à emboutir les cuirs	17
86	1	pour le tir à mitraille en bois des mortiers de 32	114
86	3	des mortiers de 22	114
86	4	des mortiers de 15	115
86	5	pour le tir à mitraille en fer des mortiers de 32	115
86	7	des mortiers de 22	115
86	8	des mortiers de 15	115
182	011	de mise de feu	
178	1	Appendice au règlement sur les canons de tourelle	
175	15	Archets ou arçons	
59	4	Arcs dentés pour canon de 155	83
59	6	Arcs dentés — de 120	84

NUMÉROS sommaires.	détaillés.	DÉSIGNATION DES OBJETS.	N° DE LA PAGE.
189	1	Armoires pour archives	148
189	01	Armoires et placards divers	148
53	3	...rrêts de chaîne pour chèvre	70
189	6	Arrosoirs	148
187	8	Auges en fer-blanc	
11	75	*Avant-trains* de chariot de parc	6
11	84	de triqueballe à treuil	7
11	80	pour affûts de siège et de chariot porte-corps	6
11	53	pour chariot de batterie m^le 1833	5
11	28	de campagne pour canon de 7 rayé	5
11	0	de campagne divers, sans coffre	7
11	69	de campagne pour forges m^le 1858	6
11	74	de chariot-fourragère de batterie	6
11	82	de tombereau à bascule	6
12	0	de forge, système Whitworth	
61	227	Axes de ressort de percuteur de canon-revolver	93
7	15	Affûts de 7	162

(Laisser quelques lignes en blanc entre deux lettres consécutives de l'alphabet.)

N° 22.

TABLE ALPHABÉTIQUE.

NUMÉROS		DÉSIGNATION DES OBJETS.	N° DE LA PAGE.	NUMÉROS		DÉSIGNATION DES OBJETS.	N° DE LA PAGE.
sommaires.	détaillés.			sommaires.	détaillés.		
		B				**C**	
34	12	Bâches de chariot-fourragère..	17				
62	55	Bagues en bronze pour cuirs emboutis	98				
61	40	Bagues de tête mobile pour canon de 155	86				
61	83	Bagues de tête mobile pour canon de 120	89				
61	308	Bagues avec anneau brisé pour mortier de 220	94				
40	6	Bailles de combat	30				
181	3	Balances ordinaires	141				
181	5	Balances dites pendules Roberval	141				
181	18	Bascules					
189	13	Balais de bouleau, de bruyère, etc.	149				
189	14	Balais de crin	149				
189	15	Balais de jonc	149				

(Laisser quelques lignes en blanc entre deux lettres consécutives de l'alphabet.)

NOMS ET GRADES DES GARDE-MAGASINS.

NOMS.	GRADES.	DATES		OBSERVATIONS.
		DE L'ENTRÉE en fonctions.	de la CESSATION des fonctions.	

N° 22.

NUMÉROS		DÉSIGNATION DES OBJETS.	UNITÉ RÉGLE-MENTAIRE	INVENTAIRE DES OBJETS EXISTANT							
sommaires.	détaillés.			à LA DATE du	QUANTITÉS.	A LA DATE DU	QUANTITÉS.	A LA DATE DU	QUANTITÉS.	A LA DATE DU	QUANTITÉS.
1	6	Canon de 155 long..........	Nombre.	1er janv. 189 .	40						
				20 mars. 189 .	48						

Nombre de colonnes variable suivant les besoins.

RÉPARTITION DES OBJETS DANS LES DIFFÉRENTS LOCAUX D (1)								TOTAUX.	POUR MÉMOIRE(*). Existant dans les unités collectives du chapitre 1er.	OBSERVATIONS. — Rappeler les détails importants, ainsi que la répartition des objets entrant dans la composition des unités collectives.
Hangar A Équipage de siège.	Traverse n° 15.	Traverse n° 21.	Sur les remparts							
40								40		
40	2	2	4					48		

(1) Indiquer l'ouvrage ou la subdivision du magasin.
(*) Cette colonne est supprimée pour le chapitre 1er des unités collectives.

N° 22.

CERTIFICATIONS *des existants au 30 juin et 31 décembre de chaque année, ainsi qu'aux autres époques que peut ordonner le commandement.*

CERTIFICATIONS		CERTIFICATIONS	
DU GARDE-COMPTABLE.	DU GARDE-MAGASIN.	DU GARDE-COMPTABLE.	DU GARDE-MAGASIN.
Certifié conforme aux écritures de la place.	Le Garde-Magasin soussigné certifie les existants mentionnés au présent registre inventaire.	Certifié conforme aux écritures de la place.	Le Garde-Magasin soussigné certifie les existants mentionnés au présent registre inventaire.
A , le 189 . *Le Garde d'artillerie,*	*Le Garde-Magasin,*	A , le 189 . *Le Garde d'artillerie,*	*Le Garde-Magasin,*
Vu : *Le Commandant de l'artillerie de la place,*		Vu : *Le Commandant de l'artillerie de la place.*	
A , le 189 . *Le Garde d'artillerie,*	*Le Garde-Magasin,*	A , le 189 . *Le Garde d'artillerie,*	*Le Garde-Magasin,*
Vu : *Le Commandant de l'artillerie de la place,*		Vu : *Le Commandant de l'artillerie de la place,*	
A , le 189 . *Le Garde d'artillerie,*	*Le Garde-Magasin,*	A , le 189 . *Le Garde d'artillerie,*	*Le Garde-Magasin,*
Vu : *Le Commandant de l'artillerie de la place,*		Vu : *Le Commandant de l'artillerie de la place,*	
A , le 189 . *Le Garde d'artillerie,*	*Le Garde-Magasin,*	A , le 189 . *Le Garde d'artillerie,*	*Le Garde-Magasin,*
Vu : *Le Commandant de l'artillerie de la place,*		Vu : *Le Commandant de l'artillerie de la place,*	
A , le 189 . *Le Garde d'artillerie,*	*Le Garde-Magasin,*	A , le 189 . *Le Garde d'artillerie,*	*Le Garde-Magasin,*
Vu : *Le Commandant de l'artillerie de la place,*		Vu : *Le Commandant de l'artillerie de la place,*	

DIRECTION D'ARTILLERIE D

PLACE D

REGISTRE A SOUCHE

MODÈLE 5

DES ORDRES DE MOUVEMENT DE MATÉRIEL

N° 22.

Ce registre est tenu par le garde-comptable de la place, qui transcrit sans délai sur la souche et le feuillet les ordres de mouvement du commandant de l'artillerie.

Le feuillet détaché est adressé à l'expéditeur.

Au moment de l'expédition, ce dernier met à hauteur son registre inventaire modèle 4 et son bordereau modèle 3, et après avoir inscrit sur l'ordre de mouvement la date et le numéro de classement correspondants, il adresse ledit ordre ainsi complété au destinataire, en même temps que le matériel.

Le garde-magasin réceptionnaire met également à hauteur son inventaire et le bordereau des entrées, fait sur l'ordre de mouvement les inscriptions nécessaires, puis adresse cet ordre sous pli cacheté, dans le plus bref délai, au garde-comptable de la place, après avoir indiqué au *verso* ses observations, même *Néant*, sur le matériel qu'il a reçu.

Le garde-comptable de la place, au reçu de ce feuillet, met à hauteur son inventaire général, transcrit sur la souche les numéros de classement donnés par les deux garde-magasins sur les bordereaux des entrées et des sorties, signe cette souche qu'il présente au commandant de l'artillerie, en lui rendant compte ainsi de l'exécution des mouvements ordonnés.

Le feuillet est conservé avec soin par le garde-comptable.

Il n'est pas fait usage du registre à souche (modèle n° 5) dans les cas suivants :

1° Mouvements entre les magasins et les ateliers ou autres services de la place comptable, lorsqu'ils concernent des délivrances de matières ou des reversements en magasin effectués sur la production de bons modèle 31 ou de bulletins modèle 33 de l'instruction du 23 décembre 1888 ; 2° mouvements entre les établissements de l'artillerie et les corps de troupe. (Instruction du 24 octobre 1890).

Le registre ne devra pas contenir un trop grand nombre de souches, afin de le rendre aussi maniable que possible, puisqu'il doit être emporté dans les magasins pour les vérifications sur place.

En Algérie et en Tunisie, les garde-magasins des annexes éloignées peuvent être autorisés par le commandant de l'artillerie, sous réserve de l'approbation du directeur, à remplacer les bordereaux modèle n° 3 par des registres-journaux sur lesquels seront transcrits les ordres de mouvement donnés sur les feuillets détachés du registre à souche modèle n° 5. Ces registres-journaux seront communiqués périodiquement, aux époques fixées par le commandant de l'artillerie au garde-comptable de la place principale, qui certifiera leur concordance avec ses écritures de la même manière que sur les bordereaux modèle n° 3.

Le garde-comptable peut être autorisé par le commandant de l'artillerie à ne pas remplir, sur la souche, la colonne « *désignation des objets* » ; mais cette désignation devra toujours être portée correctement et complètement sur le feuillet qui sert d'ordre d'exécution. Le commandant de l'artillerie signe le feuillet à la suite de la dernière désignation d'objets qui y est portée.

PLACE d

ORDRE N° ▬

DU COMMANDANT DE L'ARTILLERIE
en date du   189 .

Expédier de
à   les objets ci-après :

NUMÉROS		DÉSIGNATION DES OBJETS.	QUANTITÉS.
sommaires.	détaillés.		

Le format de ce registre est laissé à l'appréciation du chef de service.
Le tableau de la désignation des objets peut de même être simple ou double suivant les exigences locales.
Les libellés devront être rigoureusement observés.

Le Commandant de l'artillerie,

Certification de l'exécution de l'ordre ci-dessus.

Enregistré le   189
Le Garde d'artillerie comptable,

NUMÉROS	
de la sortie.	de l'entrée.

N° 22.

PLACE d

ORDRE N° ▬

DU COMMANDANT DE L'ARTILLERIE
en date du   189 .

Le   expédiera
à   qui recevra dans ses
magasins, les objets ci-après :

NUMÉROS		DÉSIGNATION DES OBJETS.	QUANTITÉS.
sommaires.	détaillés.		

Le Commandant de l'artillerie,

Le format de ce registre est laissé à l'appréciation du chef de service.
Le tableau de la désignation des objets peut de même être simple ou double suivant les exigences locales.
Les libellés devront être rigoureusement observés.

Expédié le   189 , inscrit le même jour sur le registre inventaire, et classé au n° ▬ du bordereau des sorties.

L'Expéditeur,

Reçu (*sous les réserves formulées au verso*) le   189 , inscrit le même jour sur le registre inventaire et classé au n° ▬ du bordereau des entrées.

Le Réceptionnaire,

Ce feuillet est adressé dans le plus bref délai par le réceptionnaire, au garde-comptable de la place, qui le conserve dans ses archives.

Observations (même *Néant*) faites par le destinataire sur l'état du matériel.

Le registre à souche modèle 5 est également employé pour les mouvements de matériel (*expéditions ou réceptions*) avec des places comptables étrangères.

Premier exemple.

Un gardien de batterie reçoit directement au fort des objets arrivant (*soit par le chemin de fer, le camionnage ou des transports militaires*) d'une place étrangère.

Les écritures de ce garde-magasin ne sont mises à hauteur qu'au moment où le garde-comptable a effectué ou fait effectuer, sous sa responsabilité, les constatations réglementaires à l'arrivée du matériel.

A ce moment le commandant de l'artillerie fait établir une souche et un feuillet relatant le matériel que le garde-magasin doit conserver dans ses locaux.

La souche porte alors la mention :

Reçu de...................pour tel garde-magasin.

Le feuillet indique le nom de l'établissement expéditeur.

Le garde-magasin rappelle le nom de cet établissement dans la colonne *Observations* de son bordereau mensuel des entrées. (Voir exemple du modèle n° 3.)

Le feuillet est donc dans ce cas modifié comme il suit :

(On suppose que l'atelier de construction de Rennes est l'établissement expéditeur.)

N° 22.

ATELIER DE RENNES.

PLACE d

ORDRE N°▓

DU COMMANDANT DE L'ARTILLERIE,
en date du   189 .

Le   ~~expédiera~~
à   ~~qui~~ recevra
dans ses magasins les objets ci-
après :

NUMÉROS		DÉSIGNATION	QUANTITÉS.
sommaires.	détaillés.	DES OBJETS.	

Expédié le   189   inscrit le même jour sur le registre
inventaire et classé au n°▓ du
bordereau des sorties.

L'Expéditeur,

Reçu (sous les réserves formulées au verso) le
    189 , inscrit le même jour
sur le registre inventaire et classé
au n°▓ du bordereau des entrées.

Le Réceptionnaire,

Ce feuillet est adressé dans le plus bref
délai par le réceptionnaire au garde-comptable de la place, qui le conserve dans ses
archives.

Deuxième exemple.

Un garde-magasin doit expédier du matériel à une place étrangère.

L'ordre de mouvement est donné comme à l'ordinaire au moyen du registre modèle n° 5.

Certaines parties du feuillet seront bâtonnées comme il suit :

PLACE d

ORDRE N°

DU COMMANDANT DE L'ARTILLERIE,
en date du   189 .

Le   expédiera
à   ~~qui recevra~~
~~dans ses magasins~~ les objets ci-après :

NUMÉROS		DÉSIGNATION DES OBJETS.	QUANTITÉS.
sommaires.	détaillés.		

Expédié le   189 , inscrit le même jour sur le registre inventaire et classé au n°   du bordereau des sorties.

L'Expéditeur,

Reçu (sous les réserves formulées au verso) le
189 . inscrit le même jour sur le registre inventaire et classé au n°   du bordereau des entrées.

Le Réceptionnaire,

Ce feuillet est adressé dans le plus bref délai par le réceptionnaire au garde-comptable de la place, qui le conserve dans ses archives.

N° 22.

Troisième exemple.

Enfin lorsqu'après des recensements il y a lieu de faire sur les inventaires les corrections qui correspondent à des excédents ou des déficits constatés, l'ordre d'exécution est transmis également aux garde-magasins au moyen des feuillets du registre à souche modèle n° 5, les libellés de la souche et du feuillet sont modifiés de telle sorte qu'il n'y ait aucun doute sur l'origine du mouvement de matériel auquel ils se rapportent.

La colonne d'observations des bordereaux modèle n° 3 rappelle, dans ce cas, le recensement qui a motivé le redressement d'écritures. (*Voir le modèle desdits bordereaux.*)

29

INVENTAIRE GÉNÉRAL

MODÈLE No 6

DU GARDE D'ARTILLERIE COMPTABLE.

Les objets sont inscrits dans l'ordre de la nomenclature.

Les colonnes sont tenues et disposées comme celles des inventaires partiels des garde-magasins, sauf qu'il n'y est pas fait mention de la répartition intérieure du matériel entre les différents locaux.

A chaque garde-magasin correspond une ou plusieurs colonnes (1).

Dans la colonne spéciale intitulée « *Existants en magasin* », on inscrira au crayon l'existant réel, somme des existants partiels des divers employés; cette inscription sera modifiée dès qu'un mouvement de matériel l'exigera, et sera passée à l'encre tous les six mois, le 30 juin et le 31 décembre de chaque année; en regard on indiquera également à l'encre l'existant en écriture à ces deux dates.

Les divergences sont expliquées au crayon dans la colonne d'observations.

L'inventaire général est rigoureusement tenu au fur et à mesure des mouvements.

Les inscriptions prescrites pour la tenue des inventaires partiels, relatives aux unités collectives et aux objets qui les composent, ne sont pas applicables au registre inventaire général.

Lorsque les armes portatives et le harnachement sont emmagasinés en totalité dans des salles spéciales, on pourra se dispenser de les faire figurer sur le registre inventaire général modèle n° 6.

Si en dehors des salles d'armes et de harnachement, il n'existe dans la place qu'une seule subdivision de magasin on applique la disposition du renvoi du § 2° de l'article 8 de l'instruction.

Sauf les exceptions prévues ci-dessus, tout le matériel sans aucune restriction doit figurer sur le registre inventaire général.

Toutes les dispositions seront prises dans le but de prolonger autant que possible la durée de ce registre; il y aura avantage à l'établir en plusieurs volumes dont chacun contiendrait 3 ou 4 chapitres seulement de la nomenclature, selon le cas.

---

(1) Il peut arriver en effet qu'un même garde-magasin ait dans ses magasins des formations différentes (*un équipage de siège, armement d'une position....., etc.*). il est indispensable dans ce cas, d'affecter à ce garde-magasin autant de colonnes qu'il y a de formations distinctes dans ses locaux.

MODÈLE Nº 6.

DIRECTION D'ARTILLERIE D

PLACE D

REGISTRE INVENTAIRE GÉNÉRAL

NOMS des GARDES D'ARTILLERIE comptables.	DATES		OBSERVATIONS.
	DE L'ENTRÉE en fonctions.	DE LA CESSATION des fonctions.	

Le présent registre contenant   feuillets celui-ci
compris a été coté et parafé par nous   commandant de l'artillerie de la place.

A   , le   189   .

Nº 22.

NUMÉROS		DÉSIGNATION des OBJETS	UNITÉ RÉGLEMENTAIRE.	ARMEMENT du plateau de Satory.		ÉQUIPAGES DE SIÈGE.		PARC LÉGER.				SALLE D'ARTIFICES.				HARNACHEMENT.		FORT DE SAINT-CYR.		FORT DE HAUT-BUC.		FORT DE BOIS D'ARCY.	
sommaires.	détaillés.			Dates.	Quantités.	Dates.	Quantités.	Dates.	Quantités.	Dates.	Quantités.	Dates.	Quantités.	Dates.	Quantités.	Dates.	Quantités.	Dates.	Quantités.	Dates.	Quantités.	Dates.	Quantités.

Les nécessaires des diverses formations sont inscrits à l'encre rouge.

FORT DE BOUVIERS		MATÉRIEL DISPONIBLE des docks de Satory.		SERVICE DES BOIS et vieux métaux.		MAGASIN d'approvisionnement				EXISTANTS		POUR MÉMOIRE :			OBSERVATIONS.
Dates.	Quantités.	Dates.	Quantités.	Dates.	Quantités.	Dates.	Quantités.	Dates.	Quantités.	EN MAGASIN.	EN COMPTE.	A RÉFORMER.	PRÊTÉ A DIVERS.	A RECEVOIR en cas de mobilisation.	

NOTE

sur la vérification des écritures et des magasins des garde-magasins.

VÉRIFICATION DES ÉCRITURES.

Les officiers des établissements peuvent vérifier inopinément les magasins et les écritures auxiliaires en prenant un des points de départ suivants :

1° Le registre inventaire du garde-magasin;

2° Une étiquette placée sur un lot d'objets emmagasiné dans un local;

3° Une inscription du bordereau (*des entrées ou des sorties*);

4° Un ordre quelconque du registre à souche modèle n° 5.

Premier cas.

Dans le registre inventaire du garde-magasin, à la case de l'objet à vérifier, on trouve :

1° La répartition des quantités dans les locaux;

2° La date du dernier mouvement ayant modifié les quantités.

En se transportant dans les divers locaux signalés par l'inventaire , on vérifie les lots d'objets, ainsi que la mise à hauteur des étiquettes sur chaque lot.

En consultant le bordereau (*des entrées ou des sorties*) du mois pendant lequel a été effectué le dernier mouvement, on retrouve le numéro de l'ordre du commandant de l'artillerie de la place.

On procède à la vérification de cet ordre, d'après les indications du registre à souche modèle n° 5.

Deuxième cas.

L'officier se transporte dans un local et consulte l'étiquette d'un lot quelconque d'objets.

Le registre inventaire doit indiquer que la quantité relevée sur l'étiquette est bien emmagasinée dans le local inspecté.

Enfin la dernière date inscrite sur l'étiquette (*date du dernier mouvement ayant affecté l'existant*) doit être reproduite sur le registre inventaire; elle permet de plus de relever sur le bordereau modèle n° 3 (*des entrées ou des sorties*) le numéro de l'ordre ayant provoqué la mutation.

Il suffit alors de se reporter au registre à souche modèle n° 5 pour s'assurer de la bonne exécution de l'ordre.

Troisième cas.

La date du jour où le mouvement a eu lieu est relevée sur le bordereau modèle n° 3, ainsi que la date et le numéro de l'ordre qui a motivé le mouvement.

On consulte la souche du registre modèle n° 5, et on choisit un objet quelconque compris sur cet ordre de mouvement.

En ouvrant alors le registre inventaire, on doit retrouver à la date précise, la diminution ou l'augmentation correspondante.

Enfin ce même registre inventaire fournit le moyen de vérifier matériellement dans les locaux eux-mêmes l'existence de l'objet ainsi que la bonne tenue des étiquettes.

Quatrième cas.

Un ordre du registre à souche modèle n° 5 est pris comme base de vérification.

Le registre inventaire modèle n° 4 est d'abord vérifié, puis on opère comme il est dit ci-dessus.

Enfin pour vérifier l'inventaire général, il suffit de s'assurer que les inscriptions certifiées sur le registre modèle n° 5 comme ayant été faites ont réellement été effectuées.

EXEMPLE D'UN ORDRE CORRECTEMENT EXÉCUTÉ.

1° Registre à souche modèle n° 5 de la place d

<table>
<tr><td colspan="4">

ORDRE N° 68

du commandant de l'artillerie en date du 28 septembre 1890.

Expédier du fort de Haut-Buc au fort de Saint-Cyr les objets ci-après :

</td><td colspan="4">

ORDRE N° 68

du commandant de l'artillerie en date du 28 septembre 1890.

Le gardien de batterie du fort de Haut-Buc expédiera au gardien de batterie du fort de Saint-Cyr, qui recevra dans ses magasins les objets ci-après :

</td></tr>
<tr>
<td colspan="2">NUMÉROS</td><td>DÉSIGNATION
DES OBJETS.</td><td>QUANTITÉS.</td>
<td colspan="2">NUMÉROS</td><td>DÉSIGNATION
DES OBJETS.</td><td>QUANTITÉS.</td>
</tr>
<tr>
<td>sommaires.</td><td>détaillés.</td><td></td><td></td>
<td>sommaires.</td><td>détaillés.</td><td></td><td></td>
</tr>
<tr>
<td>42</td><td>2</td><td>Gargoussiers pour 155 court.................</td><td>5</td>
<td>42</td><td>2</td><td>Gargoussiers pour 155 court.................</td><td>5</td>
</tr>
<tr>
<td>47</td><td>15</td><td>Heurtoirs modèle 1879....</td><td>3</td>
<td>47</td><td>15</td><td>Heurtoirs modèle 1879....</td><td>3</td>
</tr>
<tr>
<td>47</td><td>23</td><td>Lambourdes pour mortier de 22%................</td><td>7</td>
<td>47</td><td>23</td><td>Lambourdes pour mortier de 22%................</td><td>7</td>
</tr>
<tr>
<td>70</td><td>53</td><td>Obus vides de 138, ordinaires ....</td><td>50</td>
<td>70</td><td>53</td><td>Obus vides de 138, ordinaires ....</td><td>50</td>
</tr>
<tr>
<td colspan="4">

Le Commandant de l'artillerie,

</td>
<td colspan="4">

Le Commandant de l'artillerie,

</td>
</tr>
<tr>
<td colspan="4">

Certification de l'exécution de l'ordre ci-dessus.

</td>
<td colspan="4">

Expédié le 4 octobre 1890, inscrit le même jour sur le registre inventaire et classé au n° 54 du bordereau des sorties.

L'Expéditeur,

</td>
</tr>
<tr>
<td colspan="4">

Enregistré le 5 octobre 1890 sur l'inventaire général.

Le Garde d'artillerie comptable,

</td>
<td colspan="4">

Reçu (*sous les réserves formulées au verso*) le 4 octobre 1890, inscrit le même jour sur le registre inventaire et classé au n° 39 du bordereau des entrées.

Le Réceptionnaire,

</td>
</tr>
</table>

NUMÉROS	
de la sortie.	de l'entrée.
54	39

2° a. *Registre inventaire de l'expéditeur.* (Case des obus de 138^m/^m.)

NUMÉ-ROS		DÉSIGNATION DES OBJETS.	UNITÉ RÉGLEMENTAIRE.	INVENTAIRE DES OBJETS EXISTANTS			RÉPARTITION DES OBJETS DANS LES DIVERS LOCAUX		
sommaires.	détaillés.			à la date du	Quantités.		de		
70	53	Obus vides de 138$\frac{m}{m}$, ordinaires..........	Nombre.	1er mars 1890.	2.500		Magasin A.	Hangar B	
				2 juillet 1890.	2.000		Bâtiment B.		
				4 octobre 1890.	1.950		1.000	950	

b. *Registre inventaire du destinataire.* (Case des obus de 138^m/^m.)

70	53	Obus vides de 138$\frac{m}{m}$. ordinaires..........	Nombre.	3 février 1890.	300		Traverse n°11 de l'enceinte basse.	
				4 octobre 1890.	350		350	

3° *Bordereau modèle n° 3 de l'expéditeur.*

a. *Bordereau des sorties effectuées pendant le mois d'octobre 1890.*

NUMÉRO DE CLASSEMENT.	NUMÉRO ET DATE DE L'ORDRE DU COMMANDANT do l'artillerie de la place.	DATE D'EXÉCUTION ET D'INSCRIPTION sur le registre inventaire.	OBSERVATIONS.
....	....	....	
54	N° 68 du 28 septembre 1890.	4 octobre 1890.......	
....	....	....	

Bordereau modèle n° 3 du destinataire.

b. *Bordereau des entrées effectuées pendant le mois d'octobre 1890.*

....	....	....	
39	N° 68 du 28 septembre 1890.	4 octobre 1890.......	
....	....	....	

<table>
<tr><td>PLACE DE VERSAILLES.
—
SERVICE DES FORTS.</td><td>4° ÉTIQUETTES.</td><td>Magasin-hangar B
du fort do Haut-Buc.</td></tr>
</table>

a. *Etiquettes de l'expéditeur.*

NUMÉROS		DÉSIGNATION DE L'OBJET.			
SOM-MAIRES.	DÉ-TAILLÉS.				
70	53	OBUS VIDES DE 138ᵐ/ᵐ ORDINAIRES.			
DATES.	QUANTITÉS.		DATES.	QUANTITÉS.	
2 juillet 1890.	1.000				
4 octobre 1890.	950				

<table>
<tr><td>PLACE DE VERSAILLES.
—
SERVICE DES FORTS.</td><td>b. *Etiquettes du destinataire.*</td><td>Magasin-traverse n° 11
do l'enceinte basso du fort
do Saint-Cyr.</td></tr>
</table>

3 février 1890.	300			
4 octobre 1890.	350			

S'assurer enfin que les listes récapitulatives sont modifiées en conséquence.

Il importe de remarquer que l'exacte application des dispositions contenues dans la présente instruction permet d'exiger qu'à tout moment, le garde-comptable d'une place puisse, sans recourir au compte de gestion, indiquer sans hésitation pour un objet quelconque, la quantité actuelle ainsi que la répartition exacte entre les divers locaux.

Paris, le 23 juin 1896.

Collationné : RAVERET.   *Certifié :* P. COUTURIER.

Paris et Limoges. — Imprimerie militaire Henri CHARLES-LAVAUZELLE

PARIS ET LIMOGES. — IMP. MILITAIRE HENRI CHARLES-LAVAUZELLE.